BEI GRIN MACHT SICH IHR WISSEN BEZAHLT

- Wir veröffentlichen Ihre Hausarbeit,
  Bachelor- und Masterarbeit

- Ihr eigenes eBook und Buch -
  weltweit in allen wichtigen Shops

- Verdienen Sie an jedem Verkauf

Jetzt bei www.GRIN.com hochladen
und kostenlos publizieren

Johannes Hofsommer

Friedrich der Weise und die Reformation

GRIN Verlag

Bibliografische Information der Deutschen Nationalbibliothek:

Die Deutsche Bibliothek verzeichnet diese Publikation in der Deutschen National-
bibliografie; detaillierte bibliografische Daten sind im Internet über http://dnb.d-
nb.de/ abrufbar.

Impressum:

Copyright © 2008 GRIN Verlag GmbH
Druck und Bindung: Books on Demand GmbH, Norderstedt Germany
ISBN: 978-3-640-12620-0

Dieses Buch bei GRIN:

http://www.grin.com/de/e-book/111742/friedrich-der-weise-und-die-reformation

GRIN - Your knowledge has value

Der GRIN Verlag publiziert seit 1998 wissenschaftliche Arbeiten von Studenten, Hochschullehrern und anderen Akademikern als eBook und gedrucktes Buch. Die Verlagswebsite www.grin.com ist die ideale Plattform zur Veröffentlichung von Hausarbeiten, Abschlussarbeiten, wissenschaftlichen Aufsätzen, Dissertationen und Fachbüchern.

Besuchen Sie uns im Internet:

http://www.grin.com/

http://www.facebook.com/grincom

http://www.twitter.com/grin_com

Johannes Hofsommer

„Friedrich der Weise von Sachsen und die Reformation"

Inhaltsverzeichnis

1.Einleitung

In der vorliegenden Arbeit „ Friedrich der Weise und die Reformation"
soll anhand des Werdegangs des Kurfürsten von Sachsen die Frage
erläutert werden, inwiefern der sächsische Landesherr
mitverantwortlich für die Ausbreitung der Reformation war.

Dazu wird im ersten Kapitel der politische Aufstieg Friedrichs
dargestellt, der aufzeigen soll, wie stark der Wettiner in die
Administration des Heiligen Römischen Reiches Deutscher Nation
eingebunden war. Das darauffolgende Kapitel „Friedrich der Weise
und Doktor Martin Luther" soll die Verbindung des Landesherrn zu
seinem Untertanen in den Vordergrund stellen, um daran die
„Reformatorischen Beweggründe Friedrich des Weisen" ableiten zu
können.

Dadurch soll dem Leser ein Einblick in die dynastischen, geistlichen
und weltlichen Konfliktsituationen gegeben werden, die verdeutlichen
sollen, in welch einer Lage sich der Kurfürst von Sachen befand, als er
es seinem Untertanen und Professor Luther ermöglichte, dessen
Thesen zu vertreten und sie zeitgleich zu verteidigen, was eine
Zeitenwende einläuten sollte und die katholische Kirche spaltete.

Das Hauptaugenmerk dieser Arbeit liegt auf der Person des
sächsischen Kurfürsten Friedrich der Weise und soll die Eigenschaften
dessen herausstellen um der Frage nachzugehen, ob die Reformation
nicht allein durch geistliche Überzeugungen die Zeit zur Entfaltung
gestattet bekam, die sie benötigte.

2. Der politische Aufstieg Friedrich des Weisen von Sachsen

Am 17. Januar 1463 wurde Friedrich III. von Sachsen als erster Sohn des Herzogs Ernst aus der Familie der Wettiner und seiner Frau Elisabeth, der Tochter des Herzogs Albrecht III. von Bayern, geboren.[1] Da sein Großvater Friedrich der Sanftmütige, der mit der Schwester des Kaisers Friedrich III. verheiratet war, ein Jahr nach der Geburt seines Enkels verstarb, erlangte sein Vater Ernst die Kurfürstenwürde,[2] welche die Wettiner im Jahr 1423 erlangt hatten.[3]

Ernst hatte neben Friedrich noch fünf weitere Kinder, von denen drei Söhne und zwei Töchter waren. Der Kurfürst hatte vorgesehen, dass die beiden Söhne Friedrich und Johann seine Nachfolge antreten sollten, wohingegen ihre Brüder Albrecht und Ernst der Kirche dienten.[4] Somit legte der Kurfürst großen Wert auf die Erziehung seiner zwei Söhne Friedrich und Johann.[5] Sie lernten beide bei Ulrich Kämmerlin von Aschaffenburg die lateinische Sprache, Geschichte und Naturkunde.[6] Darüber hinaus wurden sie in der Fertigkeit der Jagd und der Kunst des ritterlichen Turniers unterwiesen.[7] Diese geistigen, als auch körperlichen Tätigkeiten sollten die beide jungen Herzöge darauf vorbereiten, das weit zerstreute Herrschaftsgebiet nach dem Tod des Vaters zu verwalten. Dazu gehörte auch das Erlernen der französischen Sprache, in der sie an dem Hof des Mainzer Kurfürsten Diether von Isenburg unterrichtet wurden.[8] Dieser Aufenthalt sollte die letzte Stufe der herzoglichen Ausbildung darstellen, die die beiden wettinischen Brüder auf ihre späteren Aufgaben vorbereiten sollte.

Warum beide dies taten, zeigt die Geschichte des Hauses Wettin. Da die Thronfolge nicht durch ein Erstgeborenenrecht geregelt war, stritt schon

---

[1] Vgl. Spalatin S. 21.
[2] Vgl. Stephan S. 27.
[3] Vgl. Ludolphy S. 280.
[4] Vgl. Nasemann S. 1.
[5] Vgl. Schirmer, Die ernestinischen Kurfürsten, S. 65.
[6] Vgl. Spalatin S. 22.
[7] Vgl. Spalatin S. 22.
[8] Vgl. Nasemann S. 4.

der Großvater von Friedrich und Johann, Friedrich II. der Sanftmütige mit seinem Bruder Wilhelm III. um die Herrschaft in Sachsen im so genannten Sächsischen Bruderkrieg von 1446 bis 1451.[9]

Das Ergebnis dieser verheerenden Auseinandersetzungen war eine Gebietsteilung, die ergab, dass Friedrich II. Meißen erhielt und Wilhelm III. die Thüringischen Gebiete.

Nach dem Tod der beiden jedoch vereinten sich die Territorien wieder unter der Führung von Friedrichs Vater Ernst und dessen Bruder Albert. Diese legten jedoch am 26. August 1485 fest, dass das Land wiederum geteilt werden sollte,[10] wobei Kurfürst Ernst die Herrschaft über die Gebiete von Thüringen, Meißen und dem Vogtland zugestanden bekam.[11]

Als im Jahr 1486 Kurfürst Ernst von Sachsen an den Folgen eines Jagdunfalls starb,[12] war für Friedrich und Johann die Zeit angebrochen, das Land zu regieren, über welches ihr Vater nach der Teilung geherrscht hatte.[13] Friedrich übernahm die Würde des Kurfürsten, die nach den Bestimmungen der Reichsverfassung beim älteren lag.[14] Trotz der Verkleinerung des Reiches, bedingt durch die Teilung von 1485, nahm das Land, über das Friedrich nun herrschte, eine tragende Funktion im Deutschen Reich ein. Allein das Gebiet, das ihm unterstand, wies darauf hin, da es sich von Schlesien und der Mark Brandenburg im Nordosten bis hin nach Franken und Hessen im Westen ausdehnte.[15]

Doch nicht nur die Größe seines Reiches, sondern auch der wirtschaftliche Aufschwung des Landes, der seit dem aufblühenden Handel von Stoffen und Tüchern in der Mitte des 15. Jahrhunderts eingesetzt hatte, war für den Wohlstand Sachsens ausschlaggebend. Darüber hinaus entwickelte sich im Herrschaftsgebiet Friedrichs der Acker- und Bergbau, wobei letzterer gegen Ende des Jahrhunderts für einen ungeahnten Reichtum sorgte.[16] Bei Erzfunden in Schnee- und

---

[9] Vgl. Wartenberg S. 21.
[10] Vgl. Ludolphy S. 67.
[11] Vgl. Wartenberg S. 21.
[12] Vgl. Stephan S. 42.
[13] Vgl. Spalatin S. 23.
[14] Vgl. Fritz, Die Goldene Bulle, S. 58.
[15] Vgl. Ludolphy S. 65.
[16] Vgl. Schirmer S. 162f.

Schreckenberg wurden Städte gegründet, die die ehemals „Wilde Ecke" des Erzgebirges zu einem bevölkerungsreichen Territorium werden ließen.

Diese wirtschaftliche Blüte und die territoriale Größe stellten das Fundament einer gefestigten Stellung des erst 23- jährigen Friedrichs dar, welcher diese so besonnen nutzte, dass er im Laufe der Zeit den Beinamen „der Weise" bekam. Ausschlaggebend dafür war, dass der junge Kurfürst nicht nur die politischen Geschicke seines Landes zu lenken wusste, sondern auch die Tatsache, dass er es verstand, sich um die Finanzen und das Wohlergehen seiner Untertanen zu sorgen.

Auch seine Präsenz im Sachsenland zeigte die Verbindung des Kurfürsten mit seinem Herrschaftsgebiet. Entgegen den Gewohnheiten dieser Zeit verließ Friedrich das Land nur, wenn seine Kurfürstenwürde dies verlangte. Die einzige Reise, die aus eigenem Interesse den sächsischen Landesherren dazu veranlasste sein Territorium zu verlassen, war die Reise nach Palästina. Dazu brach er am 19. März 1493 auf, um in Jerusalem das „Heilige Grab" zu besuchen.[17] Doch nicht nur die Wallfahrt war Anlass dieser Reise. Das Augenmerk des tief im katholischen Glauben verwurzelten Kurfürsten lag auch auf der Reliquiensammlung. Neben dem täglichen Messebesuch,[18] der Marien- und Heiligenverehrung legte gerade das Zusammentragen von Heiligenreliquien Zeugnis von dem frommen Leben Friedrichs ab.[19] Die Reliquien aus Jerusalem sollten den Grundbestand seiner Sammlung bilden, die sich zu einer der größten der damaligen Zeit entwickeln sollte.[20]

Neben diesem Heiligenkult widmete sich der Kurfürst von Sachsen aber auch den Angelegenheiten des Deutschen Reiches. War er doch einer jener sieben Fürsten, denen es oblag den König zu wählen. Die erste Reise bedingt durch diese hohe Würde, unternahm Friedrich in Begleitung seines Bruders Johann kurz nach dem Tod ihres Vaters Ernst im Jahr 1486.[21] Ihr Weg führte sie nach Frankfurt, wo auf dem dort von

---

[17] Vgl. Spalatin S. 26.
[18] Vgl. Spalatin S. 28.
[19] Vgl. Spalatin S. 28.
[20] Vgl. Bornkamm S. 34.
[21] Vgl. Ludolphy S. 140.

Kaiser Friedrich III. einberufenen Reichstag die Kurfürsten mit dem Kaiser in Verhandlungen treten wollten, um über ein Reichsgericht, ein Reichsheer, eine Reichssteuer und einen Reichslandfrieden zu beraten. Friedrich III. von Sachsen war in seiner Position als Erzmarschall des Deutschen Reiches vertreten,[22] als am 17. März jenes Jahres der Frankfurter Reichslandfriede beschlossen wurde.[23] Dieser sollte zehn Jahre andauern und für das Römische Reich Deutscher Nation verbindlich sein.[24] Dieser Name wurde in Frankfurt erstmals in einem Gesetz festgehalten und zeugte zeitgleich von den übernationalen Interessen der Deutschen Kaiser.[25]

Die politischen Interessen Friedrichs auf der Ebene des Reiches waren zu Anfang verhalten, war doch der Kurfürst von Sachsen noch ein Neuling auf diesem politischen Parkett. Mit zunehmender Präsenz auf den Reichstagen[26] aber gewann Friedrich immer mehr an Einfluss.[27] Spätestens nach dem Tod des Kaisers Friedrich III. am 25. Mai 1493[28] erlangte der sächsische Kurfürst eine Stellung innerhalb des Reiches, die eine gewisse Autorität beinhaltete. Dies wurde durch den neuen römischen König[29] Maximilian I. möglich, da dieser Friedrich vertraglich am 14. Juli 1494 in seine Dienste nahm.[30] Aufgrund dessen zog Friedrich nach Maastricht, wo der König zu dieser Zeit weilte.[31]

Nun wurde der Kurfürst von Sachsen neben seinem Amt als Reichserzmarschall zusätzlich ein besoldeter Rat Maximilian I.. In dieser Position begleitete Friedrich den König 1495 zum Reichstag nach Worms, den Maximilian erstmals leitete.[32] Hier wurde der gewachsene Einfluss des Kurfürsten von Sachsen hinsichtlich der Reichspolitik

---

[22] Neben der Kurwürde war zugleich das Amt des Reichserzmarschalls für den Herzog von Sachsen verbindlich. Es verpflichtete den Kurfürsten das Reichsschwert bei Krönungszeremonien, als auch an Reichstagen zu tragen.
[23] Vgl. Tutzschmann S. 100.
[24] Vgl. Ziehen S. 24.
[25] Vgl. Ludolphy S. 137.
[26] Spalatin schreibt, dass Friedrich nicht unter 30 Reichstage besucht habe, was für eine finanzielle Stärke des Kurfürsten von Sachsen spricht, da der Wormser Reichstag von 1521 allein 14.000 fl. verschlungen haben soll.
[27] Vgl. Ludolphy S. 141.
[28] Vgl. Schmidt- von Rhein S. 14.
[29] Seit der Königswahl Maximilians auf dem Reichstag zu Frankfurt 1486, wurde der deutsche König von diesem Zeitpunkt auch römischer König genannt. Vgl. Köpf S. 30.
[30] Vgl. Böhmer S. 110.
[31] Vgl. Böhmer S. 95.
[32] Vgl. Spalatin S. 128.

deutlich. Das Reichskammergericht, das ein einheitliches Rechtssystem im Deutschen Reich darstellen sollte, widersprach den Vorstellungen Friedrichs als auch denen des Markgrafen von Brandenburg, da sie darin einen Eingriff in ihre kurfürstlichen Rechte sahen.[33] Durch die erlangte Autorität konnte Friedrich den Reichsfürsten ein gesondertes Recht zusichern, welches vorsah, dass die Kurfürsten im Fall einer Anklage nur ihren Räten Rede und Antwort stehen mussten. Darüber hinaus sollte nur ein Aufruf an das Reichskammergericht den Anklägern der Kurfürsten möglich sein.

Trotz dieser Einschränkung war nun ein einheitliches Rechtssystem im Deutschen Reich gesichert worden.[34] Der Vorschlag zur Einrichtung eines Reichsrates als zentrale Behörde kam jedoch nicht zustande.[35] Lediglich dem Unterbreitung innerhalb eines jeden Jahres einen Reichstag abzuhalten, der über einen Monat anhalten sollte, wurde stattgegeben.

Neben dem Reichskammergericht, das den Landfrieden von 1486 aufrechterhalten sollte, wurde auch der „Gemeine Pfennig" für vier Jahre zugelassen.[36] Dieser stellte eine allgemeine Reichssteuer dar, die dem Deutschen König zu entrichten war.[37]

Diese Reformen mitbewirkend, griff Friedrich immer mehr in die Geschicke des Deutschen Reiches ein und besetzte nun voll seine Rolle als Kurfürst. Seine enge Verbundenheit zu Maximilian blieb bestehen, was ein persönliches Geheimtreffen der beiden Regenten bei Nördlingen bezeugt.[38] Darüber hinaus erwähnte der König den sächsischen Kurfürsten immer in Hinsicht des Italienfeldzuges, den Maximilian gegen die Franzosen führte. So ließ er zum Beispiel Spanien durch einen Gesandten informieren, dass die Herzöge Sachsens Friedrich und Johann mit einem starken Aufgebot an Truppen Maximilian I. unterstützen würden.

---

[33] Vgl. Ludolphy S. 149.
[34] Vgl. Ulmann, Bd. 1, S. 343.
[35] Vgl. Ulmann, Bd. 1, S. 350 f.
[36] Vgl. Angermeier, Reichstagsakten, Bd. 1, S. 1145.
[37] Vgl. Schmid, Der Gemeine Pfennig, S. 142 f.
[38] Vgl. Ludolphy S. 151.

Friedrichs Einfluss hatte nun ein solches Ausmaß angenommen, dass der französische König Karl VIII. sich persönlich in einem Schreiben an den Kurfürsten wandte.[39]

Dies stellt einen Beleg dafür dar, wie sehr das Ansehen des sächsischen Kurfürsten auch auf der Ebene der internationalen Politik gestiegen war. Ein weiteres Indiz in dieser Hinsicht liefern die folgenden Jahre, in denen Friedrich sich dem Reichsvikariat widmete. Diese Aufgabe war 1356 in der Goldenen Bulle aber dem Pfalzgrafen bei Rhein zugestanden worden.[40] Um das Amt des so genannten Reichsverwesers nicht immer in der Hand der Pfalzgrafen bei Rhein zu belassen, teilte Kaiser Karl IV. diese Position damals zwischen dem Pfalzgrafen bei Rhein und dem Herzog von Sachsen auf.[41]

Gegen Ende des Jahres 1497 legte der römische König Maximilian I. die Position des Vertreters seiner Person in die Hände des neu gebildeten Reichshofrates, an dessen Spitze Friedrich stand.[42] Nun hatte der Kurfürst von Sachsen auch einen administrativen Einfluss auf die Geschicke des Deutschen Reiches inne, da der Reichshofrat als ein „ständiges Gremium gedacht"[43] war, welches sich aus den höchsten Regenten rekrutierte, welche zuvor Maximilian I. allein gedient hatten und nun das Reich in Hinsicht der Regierungs-, Verwaltungs- und Gerichtsgeschäfte lenkte.[44]

Somit gelangte Friedrich von Sachsen an die Spitze eines Rates, der bald das Kammergericht ablösen sollte. Ein Zeichen für die Gunst, die er beim König innehatte und des weiteren ein großer Gewinn an Autorität. Im selben Jahr wurde schon spekuliert, ob der sächsische Landesherr die bereits verwitwete Tochter Maximilian I., Margarethe, heiraten würde, um so vielleicht selber eines Tages römischer König zu werden.[45] Diese Vermutung lag nahe, da Maximilian I. mit seinem Sohn Erzherzog Philipp dem Schönen von Österreich zerstritten war.[46]

---

[39] Vgl. Ludolphy S. 152.
[40] Vgl. Fritz, Die Goldene Bulle, S. 56.
[41] Vgl. Fritz, Die Goldene Bulle, S. 56.
[42] Vgl. Wiesflecker, Maximilian I., S. 198.
[43] Vgl. Ludolphy S. 158.
[44] Vgl. Hollegger S. 134 f.
[45] Vgl. Wiesflecker, Kaiser Maximilian I., Bd. 5, S. 39.
[46] Vgl. Ludolphy S. 160.

Doch die fortwährende Konfliktsituation Maximilians mit Frankreich, die auf dem Anspruch des deutschen Königs auf Burgund basierte, sorgte für Unverständnis beim sächsischen Landesherren.[47] Immer wieder wurde Friedrich im Jahr 1498 als Vermittler zwischen den verfeindeten Königen eingesetzt,[48] was zwar für den großen Einfluss des Kurfürsten spricht, doch ihn bald ermüden ließ. Das Hin und Her der Herrscher Frankreichs und des deutschen Reiches, zwischen Krieg und Waffenstillstand, sorgte letztendlich dafür, dass Friedrich im Oktober jenes Jahres den Königshof verließ. Zwar hatte er stets auf der Seite seines Königs Maximilian I. gestanden, doch dessen Bemühungen um einen Frieden, wie ihn Friedrich versuchte zu erreichen,[49] schienen dem sächsischen Kurfürsten nicht ernst genug gewesen zu sein.

Maximilian versuchte den sächsischen Landesherren, der seine Abreise mit der Sorge um sein Land Sachsen begründet hatte, wieder an seinen Hof zu holen.[50] Doch Friedrich widmete sich nun vollends der Verwaltung Sachsens und blieb den Reichgeschäften fern. Auf den folgenden Reichstag zu Worms am 25. November 1498 entsandte er lediglich Heinrich von Bünau als Vertreter.

Auch den weiteren Reichstagen blieb er fern und erschien erst wieder im Jahr 1500 auf dem Reichstag zu Augsburg. Dieser stand wieder, nach dem Reichstag vom Worms 1495, im Zeichen einer Reichsreform. Die Situation gegenüber den damaligen Verhältnissen hatte sich aber zu Gunsten der Kurfürsten gewandelt. Der König war finanziell völlig erschöpft, aufgrund seines Feldzuges gegen die Schweizer, der in einem Debakel des Königs und des Schwäbischen Bundes endete und die Schweiz für das Reich verloren machte.[51]

Die kurfürstliche Opposition sah nun die Möglichkeit, die Reichsgewalt auf ihren Entscheidungen fußen zu lassen. Dazu wurde die Frage der Reichsverwaltung durch das sogenannte Reichsregiment gelöst.[52] Dieses

---

[47] Vgl. Wiesflecker, Kaiser Maximilian I., Bd. 5, S. 38.
[48] Vgl. Spalatin S. 130.
[49] Vgl. Spalatin S. 131.
[50] Vgl. Wiesflecker, Kaiser Maximilian I., Bd. 5, S. 39.
[51] Vgl. Wiesflecker, Maximilian I., S. 120.
[52] Vgl. Angermeier, Reichsreform, S. 196 f.

von den Ständen dominierte Gremium sollte in Nürnberg sitzen[53] und 20 Mitglieder beherbergen, die vom König und Reichstag gewählt wurden. Wie wenig Rechte dem König hinsichtlich dieses Gremiums, welches die Exekutive des Reiches darstellte, beigemessen wurden, zeigt die Tatsache, dass Maximilian I. zwar diesem vorstand, doch weder ein Stimm- noch ein Vetorecht innehatte. Des Weiteren wurde dem König oktroyiert, wann er in Nürnberg zu erscheinen hatte. Sollte er dies nicht beherzigen, so wurde auch ohne sein Beisein ein Entschluss gefällt.

Diese neue Reichsexekutive wurde am 2. Juli 1500 in Kraft gesetzt und löste damit den Reichshofrat ab,[54] welcher bereits nach dem Verlassen Friedrichs in den Hintergrund getreten war.

Nun war die Entscheidungskraft des Königs und des Regiments der der Kurfürsten gewichen. Doch wie sich im Laufe der Jahre herausstellen sollte, nahmen diese kaum Anteil an der neuen Regimentsordnung. Friedrich, der trotz seiner Beteiligung an dem Ergebnis des 1500 abgehaltenen Reichstags zu Augsburg von Maximilian zum Statthalter erhoben wurde und somit als Vertreter des Königs in Nürnberg in Erscheinung trat,[55] reiste kurz nach der ersten Sitzung wieder ab.[56] Dies war der Beginn eines gewissen Desinteresses, das bis zum Jahr 1502 unter allen Kurfürsten zu beobachten war. So wie Friedrich zog sich auch der Führer der ständischen Opposition, Kurfürst Berthold von Mainz, immer mehr zurück. Aufgrund dessen forderten die letzten in Nürnberg Verbliebenen den König auf, einen neuen Statthalter zu ernennen.[57] Nun sah Maximilian die Möglichkeit, seine „Entmachtung" durch die Kurfürsten zu beenden. Mit einem Schreiben, in dem er versicherte, dass er niemanden hätte bewegen können, dass Amt des Statthalters zu übernehmen, löste er das Reichsregiment indirekt ab.[58] Trotz der Tatsache, dass Maximilian nun die Opposition verdrängt hatte, war der Widerstand der Kurfürsten ein bleibender Faktor auf der Regierungsebene des Reiches.

---

[53] Vgl. Hollegger S. 142.
[54] Vgl. Wiesflecker, Maximilian I., S. 199.
[55] Vgl. Wiesflecker- Friedhuber S. 119.
[56] Vgl. Spalatin S. 138.
[57] Vgl. Ludolphy S. 186.
[58] Vgl. Angermeier, Reichsreform, S. 197.

Hieran zeigte sich auch, dass Friedrich dem König nicht vollkommen loyal gegenüber eingestellt war. So widersetzte er sich dem königlichen Verbot an dem Kurfürstentag in Würzburg teilzunehmen, an dem sich der sächsische Landesherr am 25. November 1502 beteiligte. Im Laufe der Jahre sollte aber die Widerstandskraft der Kurfürsten, wie auch die Friedrichs gegenüber dem römischen König schwinden.

Wenn auch Friedrich den Reichstag zu Konstanz im Jahr 1507 durch seine zu späte Ankunft in der Entscheidungsfindung beeinträchtigen wollte, so nahm er doch an den Abstimmungen teil,[59] in denen die Stände dem König zusicherten, Abgeordnete zu dessen „reorganisierten Kammergericht"[60] zu schicken.

An Friedrichs später Ankunft ist aber zu sehen, dass er im Laufe der Jahre eine herausragende Stellung im Reich erlangt hatte. Diese sollte noch im selben Jahr durch das Amt des Generalstatthalters des Deutschen Reiches unterstrichen werden. Da Maximilian nun seine Kaiserkrone durch den Papst einforderte, hatte der römische König einen Italienfeldzug vorgesehen.[61] Dieser beinhaltete aber zugleich die Abwesenheit Maximilian I. aus dem Deutschen Reich, so dass ein Vertreter das Reich verwalten musste. Da Pfalzgraf Philipp bei Rhein durch seine frankophile Haltung in den Jahren zuvor beim deutschen König in Ungnaden gefallen war und dieser die Reichsacht über den pfälzischen Kurfürst verhängt hatte, ernannte er Friedrich im August 1507 zum Statthalter und verlieh ihm im Dezember jenes Jahres den Titel eines Generalstatthalters des Deutschen Reiches.[62]

Auch in den Folgejahren sollte Friedrich seinen großen Einfluss auf die Geschicke des Deutschen Reiches unter Beweis stellen, und bis an das Lebensende des Kaisers Maximilian I. 1519,[63] eine tragende Stellung einnehmen.

---

[59] Vgl. Spalatin S. 146.
[60] Ludolphy S. 193.
[61] Vgl. Hollegger S. 186.
[62] Vgl. Spalatin S. 24.
[63] Vgl. Spalatin S. 162.

3. Friedrich der Weise und Dr. Martin Luther

Das Leben Friedrich des Weisen von Sachsen war wie beschrieben vom großen Einfluss des Sächsischen Landesherrn geprägt. Seine Autorität innerhalb des Deutschen Reiches, selbst über dessen Grenzen hinaus, war unumstritten.[64]

Nichtsdestotrotz sollte der letzte Abschnitt seines Lebens noch weit reichender in die Geschicke des Deutschen Reiches eingreifen als seine Taten zuvor. Im Jahr 1517 betrat der Augustinermönch Dr. Martin Luther die Bühne des Zeitgeschehens und brachte mit seinen Thesen die damalige Autorität der katholischen Kirche ins Wanken.[65] Es war der Moment, der den Beginn des Zeitalters der Reformation einläuten sollte. Luther, der an der Wittenberger Universität, die von Friedrich im Jahr 1502 gegründet worden war,[66] als Professor für Bibelauslegung dozierte, erhob Kritik am Ablasshandel, da er dies als eine zu einfache Form der Sündenlösung empfand.[67] Das ganze Jahr über hatte sich der Theologe damit beschäftigt und sogar Juristen zur Lösung dieses Problems herangezogen. Doch im Oktober stand für ihn fest, dass der Ablasshandel „auf Kosten Christi und der Märtyrer erworben"[68] wurde. Aufgrund dessen wandte er sich in einem Brief an den Erzbischof von Mainz, Albrecht von Brandenburg,[69] der zu jener Zeit den Petersablass vertrieb.[70] Diesem Schreiben, in welchem Luther den Ablass kritisierte, legte der Augustiner die Verbesserungsvorschläge bei, die schon am nächsten Tag im Jahr 1517 an der Wittenberger Schlosskirche prangten[71] und als die 95 Thesen in die Geschichte eingehen sollten.

---

[64] Vgl. Ludolphy S. 487.
[65] Vgl. Ludolphy S. 399.
[66] Vgl. Treu S. 33., Der Stiftsbrief, der von König Maximilian I. unterzeichnet wurde, derzeit noch nicht Kaiser, wie es Treu schreibt, ist auf den 6. Juli 1502 datiert.
[67] Vgl. Brecht, Bd. 1, S. 215.
[68] Brecht, Bd. 1, S. 182.
[69] Vgl. Luthers Briefwechsel Bd. 1, S. 113.
[70] Vgl. Brecht, Bd. 1, S. 187.
[71] Vgl. Boehmer, Der junge Luther, S. 156.

Auch wenn der Augustiner Luther, keine Teilung der katholischen Kirche im Sinn hatte,[72] so hatte er nun damit den Anstoß zu solch einer gegeben, wie sich im Verlauf der Reformation herausstellen sollte.

Luther sah zu Anfang eher einen eigenen Gewissenskonflikt im Ablasshandel, der basierend auf den Ablasspredigten des Dominikanermönches Johann Tetzel seinen Ursprung fand.[73]

Der Thesenanschlag an die Kirchentür der Wittenberger Schlosskirche zur damaligen Zeit war kein besonderes Ereignis, vielmehr war es die übliche Methode, akademische Meinungen zu veröffentlichen. Doch der brisante Inhalt von Luthers Bekanntmachung, die ihm eine Disputation einbringen sollte, die jedoch zu Anfang keinen Opponenten fand,[74] zog im Laufe der Zeit weite Kreise und sorgte dafür, dass der Augustiner in einer Disputation in Heidelberg seine Thesen vor seinem Orden rechtfertigen konnte.

Den Höhepunkt der Folgen des Thesenanschlags bildete dabei die Vorladung Luthers nach Rom. Der ehemalige Anhänger des Papstes Luther[75] sah sich nun in Gefahr. Wusste man doch zur damaligen Zeit, was einem Menschen blüht, der die Autorität der Kirche als auch der des Papstes in Frage stellte.

Erst hundert Jahre zuvor war der Kritiker Jan Hus 1415 in Konstanz verbrannt worden,[76] da er es nicht mit seinem Gewissen vereinbaren konnte, die Missstände in der Kirche, die er angeprangert hatte, nicht einmal auf dem Scheiterhaufen zu widerrufen.[77]

Um nicht das gleiche Schicksal wie der böhmische Prediger zu erleiden, benötigte Luther nun einflussreiche Personen, die ihn unterstützten. Infolgedessen wandte er sich an Spalatin, der in den Diensten des Kurfürsten von Sachsen als Geschichtsschreiber, Übersetzer und Beichtvater stand.[78]

Diesem schrieb er, dass auch der Ruf der Wittenberger Universität auf dem Spiel stehen würde und aufgrund dessen der Kurfürst sich auf die

---

[72] Vgl. Brecht, Bd. 1, S. 215 f.
[73] Vgl. Volz S. 29.
[74] Vgl. Volz S. 39.
[75] Vgl. Bäumer S. 8.
[76] Vgl. Vischer S. 377.
[77] Vgl. Vischer S. 376.
[78] Vgl. Höss, Bd. 1, S. 46.

Seite Luthers stellen müsse.[79] Somit wollte der Augustinermönch sicherstellen, dass die Verhandlungen gegen ihn in Deutschland geführt werden würden und er durch ein weltliches Geleit geschützt sein sollte.[80] Hierbei kamen Luther die politischen Umstände zugute. Der anstehende Reichstag von Augsburg barg zwei entscheidende Verhandlungspunkte in sich, die indirekt zur Hilfe Luthers werden sollten. Zum einen versuchte Kaiser Maximilian seinen Enkel Karl von Spanien zum römischen König wählen zu lassen,[81] zum anderen sollte die so genannte Türkensteuer, die vom Papst forciert worden war, verabschiedet werden.[82]

Hierbei nahm Friedrich der Weise eine gesonderte Stellung ein, da er von Rom aus als ein Verbündeter betrachtet wurde. Mit ihm verband Papst Leo X. die Hoffnung, dass Karl von Spanien nicht auf den deutschen Thron folgen würde. Das Anliegen der Kirche zur Durchsetzung dieses Interesses lag in der geographischen Lage der Herrschaftsgebiete Karls begründet, die auch das südlich Rom gelegene Unteritalien beinhalteten, welches Rom gefährlich werden konnte.[83]

Friedrich von Sachsen befand sich somit in einer aussichtsreichen Ausgangsposition, die es ihm ermöglichte auf dem politischen Parkett geschickt zu taktieren. Da beide, sowohl Kaiser als auch Papst, um seine Stimme kämpften, konnte er eigene Forderungen einbringen, die ihn in der Luthersache begünstigten.

Die Türkenhilfe war dabei ausschlaggebend, da die deutschen Reichsstände sich dagegen aussprachen und zeitgleich sich gegen die Kurie wandten. Hiergegen konnte auch der von Rom gesandte Legat Cajetanus[84] nichts ausrichten, der zusehen musste, wie sich Kaiser Maximilian I. der Stimmung der Stände hingab und sich der „Causa Lutheri" annahm.[85] Luther, der seit Frühjahr 1518 nicht nur der Ketzerei verdächtig, sondern auf diese hin angeklagt war, sollte sich nun nach

---

[79] Vgl. Ludolphy S. 401.
[80] Vgl. Luthers Briefwechsel Bd. 1, S. 213.
[81] Vgl. Spalatin S. 159.
[82] Vgl. Ludolphy S. 402.
[83] Vgl. Brecht, Bd. 1, S. 240 f.
[84] Vgl. Spalatin S. 159. Spalatin nennt den römischen Legaten Cajetanus. Es handelt sich bei diesem um den Kardinal und Dominikaner Thomas de Vio, der aus Gaetana stammt und aufgrund dessen den Beinamen Cajetanus erhalten hat. Siehe auch Brecht, Bd. 1, S. 238.
[85] Vgl. Höss, Bd. 1, S. 129.

dem Reichstag in Augsburg gegenüber dem Kardinal Cajetanus hinsichtlich seiner Thesen verantworten. Das bedeutete, dass die Ladung nach Rom hinfällig geworden war. Dies war das Verdienst Friedrich des Weisen,[86] der fortwährend über das Ergehen Luthers durch Spalatin unterrichtet war.

Der Kurfürst hatte die ihm gegenüber wohlwollende Haltung des Papstes genutzt und Kardinal Cajetan zu einem Zugeständnis überredet, das Luther in Augsburg schützen sollte. Dies beinhaltete, dass Cajetan nicht, wie es die Kirche ihm aufgetragen hatte, Luther festnehmen, sondern ihn nur verhören sollte.[87] Aus diesem Verhör wurde aber im Verlauf dessen ein Streitgespräch, das mit der heimlichen Abreise Luthers endete. Nichtsdestotrotz konnte Luther aber nicht danach als Ketzer in der Öffentlichkeit dastehen, was für seinen sächsischen Landesherrn von höchster Priorität war, um sich nicht der Hilfeleistung an solch einem schuldig zu machen.[88]

Die darauffolgende Zeit war von einem regen Briefwechsel zwischen Friedrich und Luther gekennzeichnet, in dem der Augustiner seinem Landesherrn über die Gespräche mit Cajetan unterrichtete.[89] Dieser, der sich ebenfalls an Friedrich gewandt hatte, war empört über die unangekündigte Abreise Luthers und sah seine Mission als gescheitert an. Doch an ein Aufgeben von Seiten des Papstes in der Luthersache war nicht zu denken. Nun versuchte er Friedrich den Weisen durch die Verleihung der „Goldenen Rose" zu beeinflussen. Mit der Übersendung dieser hohen kirchlichen Auszeichnung war Karl von Miltitz beauftragt worden, der neben dieser Aufgabe auch ein Gespräch mit Luther forcieren sollte.[90] Am 5. Januar 1519 traf Miltitz im Beisein von Spalatin und dem kurfürstlichen Rat Fabian von Feilitzsch auf Luther. Die Unterredung führte ausschließlich dazu, dass ein bischöfliches Schiedsgericht in Deutschland zusammentreten und dort über die Thesen Luthers entscheiden sollte. Diese Idee war auch von Friedrich angeregt worden, der die Angelegenheit aber bald, wie auch die Kirche, für kurze

---

[86] Vgl. Kalkhoff S. 302.
[87] Vgl. Borth S. 50.
[88] Vgl. Borth S. 53.
[89] Vgl. Bornkamm S. 37.
[90] Vgl. Ludolphy S. 412.

Zeit ruhen lassen musste,[91] da der Kaiser des Heiligen Römischen Reiches Deutscher Nation, Maximilian I. am 12. Januar jenes Jahres verstarb.[92]

Im Zuge dieses Stillstandes, war auch die Verleihung der „Goldenen Rose" an Friedrich verschoben worden. Nun sollte sich Kardinal Cajetan dieser Aufgabe widmen. Doch der sächsische Kurfürst ließ sich am 16. September durch seine Räte vertreten, die für ihn die Rose in Empfang nehmen sollten.[93]

Diese Eigenschaft des Kurfürsten, der sich lieber im Hintergrund aufhielt, um nicht etwaigen Konfliktsituationen zu begegnen,[94] zeigte sich auch im Umgang mit Luther. Friedrich mied es sich mit dem Wittenberger Theologen persönlich zu treffen und setzte seinen treuen Spalatin als eine Art Vermittler ein.[95] Dies bedeutete, dass der Beichtvater des Kurfürsten die Interessen seines Herrn gegenüber Luther kundtat und die Antworten dessen wiederum Friedrich mitteilte. Der einzige persönliche Kontakt zwischen Luther und Friedrich basierte auf der Ebene des Schriftverkehrs, in welchem der Augustiner Luther dem Kurfürsten seine Situationen schilderte.[96]

Das einzige Aufeinandertreffen der beiden Hauptprotagonisten der Reformation fand auf dem Reichstag zu Worms im Jahr 1521 statt.[97] Dieser wurde vom neuen König Karl V. geleitet, dem Enkel Maximilians, der am 23. Juli 1519 zum Römischen Kaiser in Aachen gekrönt worden war.[98]

In Worms sollte sich Luther seiner Thesen bekennen oder diese widerrufen. Da es sich um einen Reichstag handelte, war auch Friedrich zugegen, der jedoch nicht mit Luther persönlich sprach.[99]

Das einzige Zusammentreffen von Luther und seinem Landesherrn sollte aber nicht den Faktor darstellen, der das Verhältnis zwischen den beiden

---

[91] Vgl. Nasemann S. 27.
[92] Vgl. Wiesflecker, Maximilian I., S. 381.
[93] Vgl. Ludolphy S. 413.
[94] Vgl. Bornkamm S. 38.
[95] Vgl. Höss S. 126 f.
[96] Vgl. Bornkamm S. 37.
[97] Vgl. Bornkamm S. 36.
[98] Vgl. Brandi S. 101 f.
[99] Vgl. Bornkamm S. 36.

charakterisierte. Vielmehr war es das Handeln des Kurfürsten im Anschluss an den Reichstag. Luther, der auf diesem unmissverständlich sowohl in deutscher Sprache als auch auf Latein an seinen Thesen festhielt und diese nicht widerrief,[100] wurde daraufhin von Kaiser Karl V. im Wormser Edikt für vogelfrei erklärt.[101] Dies bedeutete, dass Luther von jedermann getötet werden konnte, ohne dass der Mörder zur Rechenschaft gezogen wurde. Darüber hinaus durfte er von niemandem gespeist werden.[102] Somit handelte es sich hierbei um ein passives Todesurteil.

Friedrich befürchtete, dass solch ein Schicksal Luther nun blühte. Aufgrund dessen nahm er den von Spalatin bereits 1519 gehegten Gedanken einer Schutzhaft des Wittenberger Theologen in Angriff.[103] Vor seiner Abreise aus Worms wurde Luther von den sächsischen Räten Philipp von Feilitzsch, Friedrich von Thun und Spalatin von dem Vorhaben Friedrichs des Weisen unterrichtet, ihn in Sicherheit zu bringen.[104] In Begleitung einer Reisegesellschaft, darunter später auch 20 Reiter, verließ Luther am 26. April 1521 Worms.[105] Sein Weg führte ihn durch Hessen, wo Landgraf Philipp ihm freies Geleit zugesichert hatte.[106] Über Friedberg und Grünberg zog Luther nach Hersfeld, wo er herzlich vom Abt des Stiftsklosters empfangen wurde. Hier predigte er auch wieder zum ersten Mal, obwohl ihm dies in Worms untersagt worden war. Doch fest im Glauben, dass das Wort Gottes durch keine irdische Macht gebunden werden dürfte, widersetzte er sich dieser Anweisung. So auch in Eisenach. Auf diesem Weg entließ er immer mehr Reisegefährten, so dass nur noch seine Begleiter Amsdorff und sein Ordensbruder Johann Petzensteiner ihm zur Seite standen, als der Fuhrwagen Luthers bei der Burg Altenstein überfallen wurde.[107]

---

[100] Vgl. Spalatin S. 167.
[101] Vgl. Borth S. 123.
[102] Vgl. Strauch, Acht, S. 79.
[103] Vgl. Brecht, Bd. 1, S. 448.
[104] Vgl. Höss S. 200.
[105] Vgl. Friedenthal S. 345.
[106] Vgl. Luthers Briefwechsel Bd. 3, S. 127.
[107] Vgl. Köpf S. 184.

Petzensteiner flüchtete sofort und Amsdorff wurde zurückgelassen, als Luther von mehreren Reitern entführt wurde.[108]

Dies war das Werk Friedrich des Weisen, der diesen Schritt nicht nur unternommen hatte, um einen Theologen seiner Universität zu schützen, sondern auch einen Mann, den er zu schätzen wusste.[109]

[108] Vgl. Friedenthal S. 346.
[109] Vgl. Ludolphy, Friedrich der Weise, Kurfürst von Sachsen, Luthers Landesherr, S. 50.

4. Die reformatorischen Beweggründe Friedrich des Weisen

Wissend um die Tatsache, dass Friedrich der Weise ein im katholischen Glauben verwurzelter Christ war,[110] drängt sich dem objektiven Betrachter die Frage auf, warum der sächsische Landesherr sich in der beschriebenen Art und Weise für seinen Untertanen Luther einsetzte und somit den Stein der Reformation mit ins Rollen brachte.

Um diese Frage zu beantworten, muss nicht nur der Glaube des Kurfürsten betrachtet werden, sondern vielmehr dessen weltliche Ideologie.

Friedrich war ein umsichtiger Herrscher, der es verstand sich auf dem Weg der Diplomatie Gehör zu verschaffen und auch durchzusetzen.[111] Nicht nur sein Beiname „der Weise" legt davon Zeugnis ab,[112] sondern auch sein Geschick, sich ohne kriegerische Handlungen eine internationale Anerkennung zu verschaffen. Zugleich ein Beleg dafür, dass es sich bei dem sächsischen Landesherrn um einen friedvollen Herrscher handelte,[113] der nicht nur den Frieden in seinem eigenen Territorium aufrechterhielt, sondern sogar, wie beschrieben, als Vermittler verfeindeter Könige in Erscheinung trat. All diese Attribute können aber nicht darüber hinwegtäuschen, dass Friedrich trotz gewisser ehrenhafter Charaktereigenschaften einen politischen Anspruch vertrat, der die Stärkung seiner Person auf der Ebene des Deutschen Reiches im Vordergrund sah.[114]

Dieses Verhalten hatte ihm im Laufe der Jahre, seit seinem Amtsantritt im Jahr 1486, eine Autorität innerhalb des Deutschen Reiches eingebracht, die es ihm erlaubte sich nicht eindeutig gegen Luther zu stellen, sondern im Gegenteil ihn in Schutz zu nehmen.[115] Forciert durch die Nachfolgersorgen des Kaisers Maximilian I., nahm Friedrich eine

---

[110] Vgl. Bornkamm S. 34.
[111] Vgl. Ludolphy S. 29.
[112] Vgl. Ludolphy S. 27.
[113] Vgl. Spalatin S. 24.
[114] Vgl. Stephan S. 77.
[115] Vgl. Ludolphy, Friedrich der Weise, Kurfürst von Sachsen, Luthers Landesherr, S. 52.

Position ein, die es ihm ermöglichte, seinen Wittenberger Professor für Bibelauslegung Luther nicht an den Papst in Rom auszuliefern.[116]

Hierbei nutze der sächsische Landesherr die bereits beschriebenen Meinungsverschiedenheiten Maximilians und des Papstes bezüglich der Thronfolge im Deutschen Reich zu seinen Gunsten.

Karl von Spanien, der Enkel Maximilian I., sollte nach den Vorstellungen seines Großvaters zum römischen König gewählt werden.[117] Dieses Anliegen widerstrebte dem Papst, da dieser sein Territorium eingekreist sah.

Nach dem Tod des Kaisers 1519 wurde nun versucht, schnellstmöglich den König zu wählen. Hierbei kam Friedrich von Sachsen eine gesonderte Stellung zu, die neben der Sympathie für Luther als ein weiterer Grund für das passive Vorantreiben der Reformation seitens des sächsischen Landesherren angesehen werden kann.

Die Bewerberzahl um den Titel des deutschen Königs war groß. Frankreich und England brachten sich neben Karl von Spanien ins Gespräch.[118] Das Hauptanliegen des französischen Königs Franz I. lag im selben Ursprung begründet, wie das des Papstes. Der Franzose versuchte einer territorialen Einkreisung durch Habsburg zu entgehen.[119]

Englands Bemühungen erschienen dagegen nicht stark.

Da aber die Aussichten auf einen Erfolg sehr gering für England, Frankreich und den Papst standen, versuchten sie einen deutschen Fürsten auf den Thron zu heben.[120] Dabei fiel ihr Hauptaugenmerk auf den Sachsen Friedrich.[121] Dieser konnte viele Stimmen während der Verhandlungen zur Königswahl, die vom 17. bis zum 28. Juni 1519 andauerten, auf sich vereinen. So sprach Spalatin davon, dass der Pfalzgraf bei Rhein, der Markgraf von Brandenburg wie auch der Erzbischof von Trier der Wahl Friedrichs zum römischen König zugestimmt hätten.[122]

---

[116] Vgl. Ludolphy, Friedrich der Weise, Kurfürst von Sachsen, Luthers Landesherr, S. 52.
[117] Vgl. Wiesflecker- Friedhuber S. 277.
[118] Vgl. Spalatin S. 40.
[119] Vgl. Martinez S. 169.
[120] Vgl. Tutzschmann S. 255.
[121] Vgl. Ludolphy S. 215.
[122] Vgl. Spalatin S. 41.

Was genau innerhalb dieser elf Tage andauernden Wahl geschah, blieb aber im Dunkeln. Klar war nur, dass schließlich doch Karl von Spanien einstimmig zum römischen König Karl V. gewählt worden war.[123] Auch wenn die Krone Friedrich angeboten wurde, wovon auszugehen ist, so hat er diese abgelehnt. Der Grund dafür ist ein weiterer Beleg für den Beinamen des Kurfürsten „der Weise". Wohlwissend um die Tatsache, dass sein Land Sachsen finanziell diesem Titel nicht gewachsen und Friedrich selbst nicht in der Lage war der europäischen Politik als König vorauszugehen, lehnte er das römische Königtum und damit die Aussicht auf die römische Kaiserkrone ab.[124] Auch seine körperlichen Gebrechen schienen dafür mit den Ausschlag gegeben zu haben. Des weiteren muss sich der Kurfürst wohl bewusst gewesen sein, dass seine Stellung als Kurfürst für ihn und sein Land eine weitaus bessere Position auf der Ebene des Deutschen Reiches darstellte als der Titel eines Königs.

Diese Position ausnutzend, regte Friedrich innerhalb der Königswahl eine Wahlkapitulation an, die dem neuen römischen König vorgelegt werden sollte, welcher unterzeichnen musste, um die Wahl antreten zu können. Darin versuchten die Kurfürsten ihre Rechte zu wahren.[125] Friedrich, der wie aufgezeigt in seiner Dienstzeit bei Maximilian I. viel über die Rechte und Möglichkeiten eines römischen Königs gelernt hatte, war dabei von besonderer Bedeutung, konnte er doch Punkte einbringen, die er aufgrund dieser Tätigkeit zu berücksichtigen wusste. Hierin ist ein Punkt zu erkennen, der einen Wandel im Denken Friedrichs erkennen lässt. Anfangs Habsburg gegenüber positiv eingestellt, kühlte das Verhältnis im Laufe der Jahre stetig ab.[126] Erst verließ Friedrich Maximilians Hof und versuchte dann, nach dessen Tod seinem Nachfolger eine schwere Last in Form einer Wahlkapitulation aufzuerlegen, die die Regierung des Heiligen Römischen Reiches Deutscher Nation dem Habsburger Karl V. deutlich erschweren sollte.[127] Daraus kann man ersehen, dass Friedrich nicht nur seine

---

[123] Vgl. Spalatin S. 40.
[124] Vgl. Ludolphy S. 218.
[125] Vgl. Kohler S. 73.
[126] Vgl. Schirmer, Die ernestinischen Kurfürsten, S. 58.
[127] Vgl. Tutzschmann S. 255 f.

Sympathie zu Luther bewog den Wittenberger Theologen zu schützen. Vielmehr ist hieran auch zu beobachten, dass ein weiterer persönlicher Grund ihn veranlasste, Karl V. die Regierung zu erschweren.

Die Ursache dieser Haltung, die der reformatorischen Bewegung die nötige Zeit zur Entfaltung einbrachte und die Möglichkeit bot, ihren Hauptprotagonisten Luther zu schützen, scheint auf familiären Gründen zu basieren, die den Wettiner Friedrich dazu veranlassten, sich passiv gegen den Habsburger Karl V. zu wenden.

Als eine Hauptursache ist dabei die Heiratsproblematik anzuführen, die Friedrich als Junggesellen sterben ließ.[128] Als die ersten Bemühungen des jungen Sachsen eine dänische Prinzessin im Jahr 1485 für sich zu gewinnen und acht Jahre später die Tochter des brandenburgischen Markgrafen Johann Cicero zu ehelichen scheiterten, wandte sich Friedrich 1494 an Prinzessin Margarethe, die Tochter des römischen König Maximilians.[129] Friedrich bemühte sich sehr um die Habsburgerin. Seine Tätigkeit als besoldeter Rat des Königs schien dabei sehr hilfreich zu sein.[130] Ein regelrechtes Umwerben der Königstochter durch den Kurfürsten von Sachsen hatte eingesetzt, dass sich darin widerspiegelte, dass der sächsische Landesherr an Turnieren und Tanzveranstaltungen teilnahm, um die Gunst Margarethes zu gewinnen.[131]

Maximilians Tochter schien sich aber nicht für den Sachsen zu interessieren, und auch die Pläne Maximilians gingen mit denen Friedrichs nicht konform, da der König nämlich einen Spanier für seine Tochter favorisierte. So kam es, dass Margarethe heiratete, was jedoch nicht lange währte, da sie bald darauf Witwe wurde. Ein wiederaufflammendes Werben Friedrichs setzte ein, dass jedoch wieder scheiterte.[132] Die daraus resultierende Stimmung Friedrichs scheint den Anlass dazu gegeben zu haben, dass sich das Verhältnis zwischen König und Kurfürst, zwischen Wettin und Habsburg, verschlechterte. Dies ist daran zu betrachten, wenn man einen Blick auf den Werdegang

---

[128] Vgl. Ludolphy S. 58.
[129] Vgl. Wiesflecker, Kaiser Maximilian I., Bd. 5, S. 39.
[130] Vgl. Böhmer S. 110.
[131] Vgl. Schirmer, Die ernestinischen Kurfürsten, S. 58.
[132] Vgl. Schirmer, Die ernestinischen Kurfürsten, S. 58.

Friedrichs wirft, woran man erkennt, dass er sich immer mehr dem Königshof entzog.

Ein weiteres Werben in Polen fiel ebenfalls auf unfruchtbaren Boden, da der König von Polen Kasimir Andreas IV. seine Tochter nicht als zweite Wahl an den Kurfürsten von Sachsen abtreten wollte, da er um das heftige Werben dessen um Margarethe wusste.[133] Somit waren auch hier die Habsburger passiv an der Erfolglosigkeit Friedrichs beteiligt. Des Werbens überdrüssig widmete er sich einer nicht standesgemäßen Frau, mit der er zwei Kinder gezeugt haben soll. Näheres wird über diese Beziehung nicht berichtet, da sie nicht gerade zu einem besseren Ansehen des sächsischen Landesherrn beitrug.

Doch nicht nur seine Person stand im Vordergrund der Heiratsprobleme zwischen dem Haus Wettin und Habsburg. Auch der Neffe Friedrichs, Johann Friedrich, der später die Kurfürstenwürde übernehmen sollte, geriet in die Machtintrigen der Habsburger. 1519 wurde ihm die Schwester Karls V., Katharina, versprochen.[134] Hierin kann man einen Versuch Karls erkennen, um Friedrichs Stimme bei der Königswahl zu werben. Dies zeigte sich daran, dass diese Ehe nicht zustande kam, obwohl diese vom Kaiser zugesagt worden war.[135] Dies war ein weiterer Aspekt, der im Laufe der Anfangsjahre der Reformation Friedrich fortwährend von Karl V. entfernte.

Neben diesen dynastischen Differenzen zwischen den sächsischen und österreichischen Geschlechtern, trug noch ein weiterer Faktor dazu bei, dass Friedrich anfangs nicht in die Vorgehensweise Luthers einschritt.

Da der Theologieprofessor an seiner Universität lehrte, sah er dessen Handeln zunächst nicht als eine Reichsangelegenheit an.[136] Es war zunächst für Friedrich eine Frage Sachsens, sich den Lehrern des Theologen Luthers zu widmen. Nachdem dies geschehen war, nahm Friedrich Martin Luther in Schutz, da er fest davon überzeugt war, dass die Thesen Luthers unparteiisch geprüft werden sollten.[137]

---

[133] Vgl. Schirmer, Die ernestinischen Kurfürsten, S. 58.
[134] Vgl. Spalatin S. 58 f.
[135] Vgl. Ludolphy S. 223.
[136] Vgl. Ludolphy, Friedrich der Weise, Kurfürst von Sachsen, Luthers Landesherr, S. 51.
[137] Vgl. Schirmer, Die ernestinischen Kurfürsten S. 64.

Zwar war Friedrich ein tief im katholischen Glauben verwurzelter Mensch, doch darüber hinaus sehr gerecht.[138]

Diese Gerechtigkeit verschaffte der Reformation die Zeit, sich in Kursachsen und über dessen Grenzen hinaus im Deutschen Reich zu verbreiten.

So bleibt festzuhalten, dass es nicht allein die Sympathie Friedrichs gegenüber seinem Untertanen Luther war, die den Sächsischen Landesherrn dazu veranlasste, ihn nicht nach Rom ausliefern zu lassen. Vielmehr waren es persönliche Bestrebungen Friedrichs, die ihn nicht wissentlich dazu veranlassten der Reformation genügend Zeit einzuräumen um sich zu entfalten. Sein Gerechtigkeitssinn, der die unparteiische Prüfung der Thesen Luthers im Vordergrund sah; seine dynastischen Differenzen mit dem Hause Habsburg, die in der Heiratspolitik begründet waren, wie auch der Machtanspruch des sächsischen Kurfürsten, der sich auf die Ebene des deutschen Reiches ausdehnte, waren mit die entscheidenden Faktoren, die Luther die Zeit gaben, seine Thesen zu verteidigen und somit eine Zeitenwende einzuläuten.

---

[138] Vgl. Spalatin S. 35.

5. Zusammenfassung

Zusammenfassend kann man erkennen, dass das Handeln Friedrichs des Weisen von Sachsen ein mitentscheidender Faktor war, der der Reformation die nötige Zeit zur Entfaltung gab. Zwar kann der Kurfürst nicht als ein Hauptprotagonist derer aufgeführt werden wie sein Untertan Luther, doch sein passives Verhalten verhalf dem Reformator dadurch, nicht nach Rom ausgeliefert zu werden, wo ihm sein Ende gedroht hätte. Dies war durch die Autorität Friedrichs möglich, die der sächsische Landesherr seit der Zeit seines Amtsantrittes als Kurfürst im Jahr 1486 erlangt hatte.[139] Sie verhalf ihm entscheidend dazu, Kardinal Cajetan, der von Rom die Order bekommen hatte Luther im Anschluss an das Gespräch von Augsburg 1518 festzunehmen, falls dieser nicht widerriefe, zu überreden, den Wittenberger Theologen in Freiheit zu belassen.[140] Entscheidend hierbei war die Tatsache, dass Friedrich sowohl von Kaiser und Papst anerkannt war, so dass er diese Forderung stellen konnte, ohne in den Verdacht zu geraten einen Ketzer zu stützen.[141]

Warum Friedrich sich in dieser Form für Luther einsetzte, wobei er selbst ein tief im katholischen Glauben verwurzelter Mensch war, ist vielfältig zu beantworten. Zum einen war Friedrich ein sehr gerechter Herrscher, der Luthers Thesen unparteiisch geprüft wissen wollte, bevor er zu einem Entschluss kam. Des weiteren handelte es sich bei Luther um einen Untertanen des Kurfürsten, der sich selbst um die Angelegenheit kümmern wollte, bevor sie auf der Reichsebene ausgebreitet werden sollte. Weshalb er anschließend, nachdem Luther in Worms von Kaiser Karl V. geächtet worden war, den Theologen in „Schutzhaft" nehmen ließ, und somit Luther die Zeit verschaffte unterzutauchen, wie auch das Neue Testament ins Deutsche zu übersetzen, kann man darauf zurückführen, dass Friedrich, der aus dem

---

[139] Vgl. Spalatin S. 23.
[140] Vgl. Borth S. 50.
[141] Vgl. Borth S. 53.

Haus Wettin stammte, sich von den Habsburgern, denen Karl V. angehörte, brüskiert fühlte, was auf die Heiratsproblematik zurückzuführen ist, die Friedrich ledig sterben ließ.[142] Dafür waren die Habsburger mitverantwortlich, so dass das anfangs enge Verhältnis der beiden Häuser sich mit der Zeit zunehmend abkühlte.

All diese Beweggründe des Kurfürsten waren verantwortlich dafür, dass Friedrich Luther schützte und somit der Reformation verhalf, die Zeit zu gewinnen, die sie benötigte, um sich auszubreiten.

---

[142] Vgl. Ludolphy S. 58.

6. Quellen- und Literaturverzeichnis

Quellen:

Ausgewählte Quellen zur deutschen Geschichte der Neuzeit, Quellen zur Reformation 1517- 1555, hsg. v. Ruth Kastner, Bd. 16, Darmstadt 1994.

Ausgewählte Quellen zur deutschen Geschichte der Neuzeit, Quellen zur Geschichte Maximilians I. und seiner Zeit, hrsg. v. Inge Wiesflecker- Friedhuber, Bd.14, Darmstadt 1996.

Böhmer, Johann Friedrich, Ausgewählte Regesten des Kaiserreiches unter Maximilian I 1493-1519, in: Kommission für die Neubearbeitung der Regesta Imperii bei der Österreichischen Akademie der Wissenschaften u.a (Hg.),Regesta Imperii, Bd. 1, Wien 1990.

Burkhardt, C. A. H., Ernestinische Landtagsakten, Die Landtage von 1487- 1532, Bd. 1, hrsg. durch die Thüringische Historische Kommission , Thüringische Geschichtsquellen, Jena 1902.

Deutsche Reichstagsakten, Mittlere Reihe: Reichstag von Worms 1495, hrsg. durch die Historische Kommission bei der bayrischen Akademie der Wissenschaften, bearb. v. Heinz Angermeier, Bd. 1-2, Göttingen 1981.

Enders, Ludwig Ernst, Dr. Martin Luthers Briefwechsel Bd. 1- 19, hrsg. durch Enders, Ludwig Ernst u.a., Dr. Martin Luthers sämmtliche [sic.] Werke, Frankfurt am Main 1884.

Fritz, Wolfgang (Hg.), Die Goldene Bulle, Das Reichsgesetz Kaiser Karls IV. vom Jahre 1356, Weimar 1978.

Historische Kommission bei der königlichen Akademie der Wissenschaften (Hg.),Deutsche Reichstagsakten unter Kaiser Karl V., Bd. 2, Gotha 1896.

Köpf, Ulrich (Hg.), Deutsche Geschichte in Quellen und Darstellung, Reformationszeit 1445-1555, Bd. 3, Stuttgart 2001.

Spalatin, Georg, Friedrich der Weise, Leben und Zeitgeschichte, hrsg. von C. G. Naudecker und L. Preller, Jena 1851.

Literatur:

Andreas, Willy, Deutschland vor der Reformation, Eine Zeitenwende, 5. Aufl. Stuttgart 1948.

Angermeier, Heinz, Die Reichsreform 1410-1555, Die Staatsproblematik in Deutschland zwischen Mittelalter und Gegenwart, München 1984.

Bachmann, Adolf, Deutsche Reichsgeschichte im Zeitalter Friedrich III. und Max I., Mit besonderer Berücksichtigung der österreichischen Staatengeschichte, Bd. 1-2, Leipzig 1884.

Bäumer, Remigius, Martin Luther und der Papst, 5. Aufl., Münster 1987.

Blaschke, Karlheinz, Sachsen im Zeitalter der Reformation, Gütersloh 1970.

Boehmer, Heinrich, Der junge Luther, 6. Aufl. Stuttgart 1971.

Böttinger, C. W., Geschichte des Kurstaates und Königreiches Sachsen, Bd. 1-3, 2. Aufl. Gotha 1867.

Bornkamm, Heinrich, Luther, Gestalt und Wirkungen, Gesammelte Aufsätze, Gütersloh 1975.

Borth, Wilhelm, Die Luthersache (Causa Lutheri) 1517-1524, Die Anfänge der Reformation als Frage von Politik und Recht, in: Berges, Wilhelm: Historische Studien,(1970), Heft 414.

Brandi, Karl, Kaiser Karl V., Werden und Schicksal einer Persönlichkeit und eines Weltreiches, 5. Aufl. München 1959.

Brecht, Martin, Martin Luther, Sein Weg zur Reformation 1483- 1521, Bd. 1-3, Stuttgart 1981.

Friedenthal, Richard, Luther, Sein Leben und seine Zeit, München 1970.

Hofsommer, Heiner, Meilensteine der Deutschen Geschichte, Ein Leitfaden für im Geschichtsunterricht „Zukurzgekommene", Straelen 2007.

Hollegger, Manfred, Maximilian I. (1459-1519), Herrscher und Mensch einer Zeitenwende, Stuttgart 2005.

Höss, Irmgard, Georg Spalatin 1484-1545, Ein Leben in der Zeit des Humanismus und der Reformation, 2. Aufl. Weimar 1989.

Junghans, Helmar (Hg.), Das Jahrhundert der Reformation in Sachsen, Leipzig 2005.

Kalkhoff, Paul, Der Wormser Reichstag von 1521, München 1922.

Kohler, Alfred, Karl V. 1500-1558, Eine Biographie, München 1999.

Ludolphy, Ingetraut, Friedrich der Weise, Kurfürst von Sachsen 1463-1525, Göttingen 1984.

Ludolphy, Ingetraut, Friedrich der Weise, Kurfürst von Sachsen, Luthers Landesherr, in: Polenz, Hans Hassa v., Seydewitz, Gabriele v. (Hg.), 900 Jahre Wettin 1089-1989, Bamberg 1989, S. 47-54.

Martinez, Marie- Veronique, La lutte pour l' hegemonie Charles Quint et Francois Ier, in: Duviols, Jean- Paul, Molinie- Bertrand (Hg.), Charles Quint et la monarchie universelle, Paris 2001, S. 169- 183.

Nasemann, Otto, Friedrich der Weise, Kurfürst von Sachsen, Halle a. S. 1889.

Schirmer, Uwe, Die ernestinischen Kurfürsten bis zum Verlust der Kurwürde (1485-1547), in: Kroll, Lothar (Hg.), Die Herrscher Sachsens, Markgrafen, Kurfürsten, Könige 1089-1918, München 2004, S. 55-76.

Schirmer, Uwe, Kursächsische Staatsfinanzen (1456-1656), Strukturen- Verfassung- Funktionseliten, Stuttgart 2006.

Schmid, Peter, Der Gemeine Pfennig von 1495, Vorgeschichte und Enstehung, Verfassungsgeschichtliche, politische und finanzielle Bedeutung, Göttingen 1989.

Schmidt- von Rhein, Georg (Hg.), Kaiser Maximilian I., Bewahrer und Reformer, Ramstein 2002.

Stephan, Bernd, Beiträge zu einer Biographie Kurfürst Friedrichs III. von Sachsen, des Weisen (1463-1525), Leipzig 1979.

Strauch, D., Acht, in: Avella- Widhalm, Gloria u.a (Hg.), Lexikon des Mittelalters, Bd.1, Aachen bis Bettelsordenkirchen, 10. Aufl. München 1980, S. 79-81.

Treu, Martin, Die Leucorea zwischen Tradition und Erneuerung, Erwägung zur frühen Geschichte der Universität Wittenberg, in: Lück, Heiner (Hg.), Martin Luther und seine Universität, Köln 1998, S. 31-53.

Tutzschmann, Maximilian Moritz, Friedrich der Weise, Kurfürst von Sachsen, Ein Lebensbild aus dem Zeitalter der Reformation, nach Quellen für alle Stände dargestellt, Grimma 1848.

Ulmann, Heinrich, Kaiser Maximilian I, Auf urkundlicher Grundlage dargestellt, Bd. 1-2, Stuttgart 1884.

Volz, Hans, Martin Luthers Thesenanschlag und dessen Vorgeschichte, Weimar 1959.

Wartenberg, Günther, Landesherrschaft und Reformation, Moritz von Sachsen und die albertinische Kirchenpolitik bis 1546, Weimar 1988.

Wartenberg, Günther, Wittenberger Reformation und territoriale Politik, Gesammelte Aufsätze, Leipzig 2003.

Weiß, Joseph, Berthold von Henneberg, Erzbischof von Mainz (1484-1504), Seine kirchenpolitische und kirchliche Stellung, Freiburg 1889.

Wiesflecker, Hermann, Kaiser Maximilian I, Das Reich, Österreich und Europa an der Wende zur Neuzeit, Bd. 1-5, München 1971.

Wiesflecker, Hermann, Maximilian I., Die Fundamente des habsburgischen Weltreichs, München 1991.

Ziehen, E., Frankfurt, Reichsreform und Reichsgedanke 1486-1505, Ein Beitrag zur deutschen Geschichte in landschaftlich geprägter Form, Berlin 1940.